Este curso no podrá ser reproducido, ni total ni parcialmente, sin el previo permiso escrito de los autores. Todos los derechos reservados.

Janet Cepero Arroyo
Gabriel Manzano Mérida
© ASL Stagers 2022
Autoedición y diseño: Janet Cepero Arroyo y Gabriel Manzano Mérida
aslstagers@gmail.com
Edición: marzo 2022
Imágenes: Pixabay

La publicación de esta obra puede estar sujeta a futuras correcciones y ampliaciones por parte del autor.

Quedan prohibidas dentro de los límites establecidos por la ley y bajo las prevenciones legalmente previstas, la reproducción total o parcial de esta obra por cualquier medio o procedimiento, ya sea electrónico mecánico, el tratamiento informático, el alquiler o cualquier forma de cesión de la obra escrita de los autores.

# CURSO DE HOME STAGING

*Janet Cepero Arroyo y Gabriel Manzano Mérida*

*Este curso está especialmente dirigido a todas aquellas personas que desean convertir el Home Staging en su profesión o negocio.*
*También a los agentes inmobiliarios que desean ofrecer el Home Staging como valor añadido a sus clientes.*
*Esperamos que aprendáis y disfrutéis mucho.*

¡BIENVENIDOS!

# ÍNDICE

| | |
|---|---|
| **Tema 1: Introducción al Home Staging** | 5 |
|   **1.1 Qué es el Home Staging** | 5 |
|   **1.2 Importancia del Home Staging** | 8 |
|   **1.3 Oportunidad de negocio** | 11 |
|   **1.4 Ejercicio** | 13 |
| **Tema 2: Home Staging y decoración de interiores** | 14 |
|   **2.1 Diferencias y similitudes** | 14 |
|   **2.2 Conocimientos básicos necesarios de decoración para el home stager.** | 16 |
|   **2.3 El Color** | 19 |
|     El círculo cromático | 19 |
|     Dimensiones del color: | 21 |
|     **Combinaciones de colores** | 22 |
|     La influencia de los colores en el estado de ánimo | 24 |
|     El color morado | 26 |
|     El color naranja | 27 |
|   **2.4 Estilos de decoración** | 29 |
|     El estilo Étnico | 29 |
|     El estilo Art Decó | 30 |
|     El estilo Shabby Chic | 31 |
|     El estilo Barroco | 32 |
|     El estilo bohemio | 33 |
|     El estilo contemporáneo | 34 |
|     El estilo rústico-campestre | 35 |
|     El estilo ecléctico | 36 |
|     El estilo Industrial | 37 |
|     El estilo mediterráneo | 38 |
|     El estilo Toscano | 39 |
|     El estilo nórdico o escandinavo | 40 |
|     El estilo minimalista | 41 |
|   **2.5 Ejercicios** | 42 |
|     Respuestas a los ejercicios del Tema 2 | 48 |
|   **3.1 Entrevista con el vendedor** | 50 |
|   **3.2 Presentación del presupuesto y firma del contrato.** | 53 |

**3.3 Comienza la acción: metodología del Home Staging** — 56
   Primer paso: Despersonalizar — 56
   Segundo paso: Ordenar — 56
   Tercer paso: Reparar — 57
   Cuarto paso: Limpiar — 60

**3.4 Quinto paso: La puesta en escena** — 62

**3.6 Ejercicios** — 83
   **Respuestas a los ejercicios del Tema 3** — 84

Consideraciones finales — 86

# Tema 1: Introducción al Home Staging

## 1.1 Qué es el Home Staging

**Concepto:** *el Home Staging es una técnica de venta inmobiliaria mediante la cual se prepara una casa antes de salir al mercado de venta o alquiler.*

Este término viene del inglés, ya que fue en países de habla inglesa donde surgió esta idea en los años 70.

La palabra "home" significa "casa", "hogar".

La palabra "staging" es el gerundio del verbo "stage" cuya traducción es: escenificar.

De esta manera, si combinamos ambas palabras tenemos la traducción literal del término: **"escenificar una casa"**.

Y es esto exactamente lo que hace el Home Staging: mostrar la casa de manera que los compradores entiendan y aprecien su potencial, la utilidad de cada una de sus habitaciones y espacios, y que se imaginen ellos mismos viviendo allí.

***El objetivo*** *es hacer que la casa sea lo más atractiva posible para la mayor cantidad de compradores.*

Lograr que los dueños comprendan esto no es tarea fácil, ya que tendrán que desprenderse de lo que una vez fue su hogar, dejando paso a que emerja la propiedad en sí. La cual, con el staging adecuado, lucirá como la casa perfecta para un gran número de personas.

Y es aquí donde el *home stager* debe, con toda profesionalidad y delicadeza; ayudar a hacerles comprender; que todo cambio que se realice antes será directamente proporcional a que su vivienda esté **menos tiempo** en venta y pierdan **menos** dinero en **bajadas de precio**.

El servicio de Home Staging suele ir a cargo del vendedor, y aunque deben hacer una pequeña inversión, la recuperarán una vez vendida la casa. Pero, si no la hacen, podría costarles mucho tiempo y dinero.

Las preguntas que deben hacerse los propietarios son:
- ¿Quiero vender mi casa ya? O ¿Quiero ponerla a la venta a ver qué pasa?
- ¿Quiero vender mi casa por el mejor precio posible? o ¿Estoy dispuesto a perder algunos miles de euros por no hacer un Home Staging?

Usualmente, cuando una casa pasa mucho tiempo sin venderse, el vendedor tendrá finalmente que hacer una bajada de precio, la cual suele rondar entre el 2% y el 5% del precio de la propiedad. En tiempos de baja en el mercado puede llegar a superar con creces estas cifras.

Veamos algunos ejemplos que ilustran lo que se desea expresar:

¡Estas viviendas han tenido que bajar entre un 15 y un 18% del valor inicial! **Lo que representa mucho dinero para estos vendedores.**

La inversión en hacer un staging no tiene por qué ser muy cara, dependerá de las condiciones de cada casa y del presupuesto disponible. Muchas veces es tan sencillo como despejar los espacios, pero siempre será mejor hacer ALGO, que no hacer NADA.

¿Por qué? Lo veremos a continuación.

## 1.2 Importancia del Home Staging

*La importancia del Home Staging radica en que aporta un gran valor en todo el proceso de compraventa inmobiliario a cada una de sus partes.*

**Ventajas para los vendedores:**
1. Su propiedad capta la atención de más compradores.
2. Su propiedad recibe más visitas.
3. Su propiedad recibe más ofertas.
4. Los compradores tienen menos margen de regateo.
5. La casa estará menos tiempo en el mercado.

**Ventajas para los compradores:**
1. Tienen mejores opciones para escoger.
2. Pueden visualizar mejor el potencial de la casa.
3. Se les facilita mucho la decisión de compra.

**Ventajas para los agentes inmobiliarios:**
1. Pierden menos tiempo y esfuerzo al comercializar una propiedad más atractiva.
2. Ganan más dinero al vender antes sus propiedades y por su máximo valor.
3. Clientes más satisfechos, tanto vendedores como compradores.

Allí donde exista una casa a la que se le haya hecho un staging, y se encuentre en su justo valor de mercado; una casa desaliñada, por decirlo de alguna manera, no puede competir.

Los agentes inmobiliarios ven desperdiciado su tiempo y esfuerzo intentando vender una casa sucia y con olores, como existen muchas en el mercado. Nadie quiere comprar una casa así.

Cuando la demanda supera la oferta y los precios son muy bajos, es posible que se vendan este tipo de propiedades. Pero en cuanto la oferta aumenta, las condiciones del juego cambian completamente, y es aquí donde un Home Staging marca la diferencia.

Ya lo habréis escuchado muchas veces, en muy pocos minutos un comprador ya ha decidido si la casa está o no está hecha para él. Incluso solo con ver el anuncio en internet puede llegar a crear una conexión emocional con la casa que le lleve a querer comprarla.

Observen los siguientes ejemplos reales sacados de un portal inmobiliario. ¿Cuál de estos anuncios pensáis que recibirá más visitas?

¿Este...?

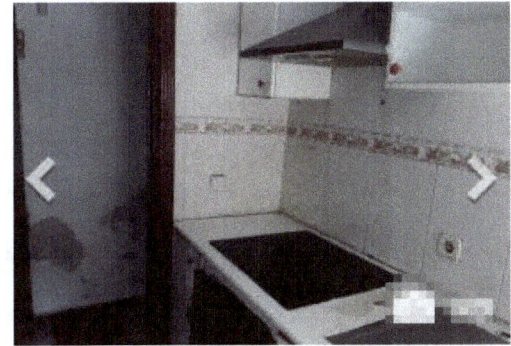

¿O este...?

Exacto, el segundo sin ninguna duda. Y no hay que gastar mucho dinero para lograr la segunda cocina, como veremos más adelante.

Cuando vemos un anuncio con unas fotos atractivas e impecables, en nuestro cerebro ocurre algo muy interesante, se crea una sensación de urgencia por visitar esta vivienda.

Y es entonces cuando se le pone la guinda al pastel, enseñando al comprador una vivienda impecable, o al menos **lo más arreglada posible**.

Por supuesto, **el precio debe ser el adecuado**, si no, echará por tierra todo el trabajo del Home Stager. Pero de esto hablaremos más adelante.

**Ahora, una pregunta para vosotros:**

¿En vuestro país, ciudad o zona, existen muchos home stagers?

## 1.3 Oportunidad de negocio

Probablemente sea debido a que el Home Staging nació en países de habla inglesa, pero en algunos países como España, este es un concepto relativamente nuevo que está comenzando a ganar mucho terreno en la actualidad, y va cogiendo velocidad de crucero, como se dice coloquialmente.

Por lo que es muy inteligente aprovechar esta oportunidad de negocio para:
1. Convertirlo en vuestra profesión.
2. Integrarlo en vuestro negocio si sois agentes inmobiliarios.

Con esto no se quiere decir que las agencias inmobiliarias asuman el coste de los servicios de Home Staging, si no, que los aprovechen para ofrecer una mejor experiencia a sus clientes.

Pueden recomendarles los servicios de un Home Stager antes de realizar el reportaje fotográfico; o pueden asumir el coste de un home staging mínimo.

No sin antes firmar un contrato previo, donde se defina claramente aspectos tales como:
- Quién tiene la exclusividad de la venta.
- Quién se responsabiliza de mantener el trabajo del home stager hasta la venta.
- Si se incluyen los muebles y si forman parte de la venta.

En cualquier caso, es una gran oportunidad para las inmobiliarias españolas, la de ponerse al día en este tema. Ya que verán cómo venden antes sus propiedades y será un ganar-ganar para ellas y sus clientes.

Siempre es muy recomendable no improvisar y contar con un profesional del home staging para que lleve a cabo las recomendaciones o el trabajo.

Por otra parte, sería una gran ventaja para los agentes inmobiliarios independientes, contar con una formación en home staging y poder así asesorar a sus clientes.

Si seguís el mercado inmobiliario veréis cómo los inversores y empresas promotoras no sacan a la venta una propiedad sin haberle hecho antes un Home Staging, ellos ya han comprendido y probado sus ventajas y su importancia.

A continuación, os dejamos un ejercicio de comprobación y fijación de los conocimientos.

## 1.4 Ejercicio

Marca verdadero o falso según corresponda:

- ☐ El Home Staging es una técnica de venta inmobiliaria.
- ☐ El objetivo del Home Staging es que el propietario se sienta cómodo en su casa.
- ☐ Home Staging significa "escenificar" un terreno para venderlo antes y por su mejor precio.
- ☐ Una vivienda sin "preparación" para la venta es más atractiva a los ojos de un comprador que otra del mismo precio a la que se le ha hecho un Home Staging.
- ☐ El Home Staging es una profesión en auge.

**Respuestas:**

1. VERDADERO:

   ***Concepto:*** *el Home Staging es una técnica de venta inmobiliaria mediante la cual se prepara una casa antes de salir al mercado de venta o alquiler.*

2. FALSO:

   ***El objetivo*** *es hacer que la casa sea lo más atractiva posible para la mayor cantidad de compradores.*

3. FALSO: Home Staging como término significa escenificar una **vivienda** para venderla antes y por su mejor precio.

4. FALSO: una vivienda que se enseña a un comprador escenificada para la venta será mucho más atractiva, ya que el comprador puede **visualizar** mucho mejor los espacios y comprender para qué se utiliza cada habitación y el potencial de la casa en su conjunto.

5. VERDADERO: el Home Staging como profesión se encuentra actualmente en auge; especialmente en países como España a los cuales ha llegado recientemente, por así decirlo. Pero incluso en Estados Unidos, uno de los países que le vio nacer, es muy usual que se vendan las propiedades con un Home Staging hecho.

# Tema 2: Home Staging y decoración de interiores

## 2.1 Diferencias y similitudes

Bien, ahora ya vamos comprendiendo qué es el Home Staging, sin embargo, muchas personas lo continúan confundiendo con decoración de interiores, cuando en realidad son diametralmente opuestos.

*Veamos por qué.*

El home stager, para lograr su cometido, y como veremos en detalle más adelante, tendrá que **despersonalizar** la casa y sacar a la luz el potencial que la propiedad lleva dentro.

Para ello deberá emplear materiales, **muebles y accesorios moderados y neutros**, que no encajen en un estilo de decoración determinado, **para que así gusten a un mayor número de personas**.

Mientras que en lo que a viviendas se refiere, en decoración se hace todo lo contrario: se prepara una casa para que sus habitantes las encuentren bella, cómoda y práctica.

Y he aquí el quid de la cuestión: "**sus habitantes**". Todo el trabajo del decorador de interiores se basa principalmente en las características psico-sociales de las personas que viven en el inmueble.

Sin embargo, contar con ciertos conocimientos de decoración es muy útil para un home stager; ya que le ayudará a tomar mejores decisiones en materia de colores, accesorios, muebles, etcétera.

Estos conocimientos le ayudarán a:
1. Desarrollar un plan para que la casa luzca neutra pero atractiva.
2. Visualizar mejor la organización de los espacios, muebles y accesorios.
3. Lograr mejores resultados adaptados al presupuesto.

Algunas veces estas decisiones no gustarán del todo a los propietarios de la vivienda, ya que pueden ser emocionalmente dolorosas; y por ello es vital poder dar las explicaciones adecuadas en cada caso, y ayudarles a comprenderlas.

Es muy recomendable mantenerse al día en decoración suscribiéndote a revistas, o páginas de Instagram y Facebook de decoradores. No para seguir a pie juntillas las tendencias del sector, si no a modo de inspiración para tus proyectos. Recuerda que las modas vienen y van.

## 2.2 Conocimientos básicos necesarios de decoración para el home stager.

*Concepto:*

*"La decoración de interiores consiste en conseguir en un espacio determinado, el ambiente que encaje con la personalidad de quienes hacen uso de él, por medio de masas, luz y color; buscando un equilibrio entre belleza y utilidad".*

Cada uno de los elementos del conjunto debe estar perfectamente encajado y coordinado dentro del todo.

El punto de partida son el **espacio** y la **luz natural**. Estos dos elementos condicionarán al resto, y determinarán las acciones necesarias.

**Por ejemplo:**
- ¿Será necesario agrandar visualmente el espacio o todo lo contrario?
- ¿Dónde se desarrollará la actividad fundamental de la habitación?

La actividad fundamental se desarrollará allí donde mejor iluminación natural tenga la habitación.

*Clima y ambiente*

Otro aspecto a tener en cuenta es el *clima*: la temperatura y el grado de humedad son factores importantes a la hora de escoger ciertos materiales en decoración, ya que no se pueden emplear los mismos componentes en climas fríos que en cálidos.

Una vez solucionados los problemas de espacio y luz, se decidirá el **ambiente** que se desea lograr. Como ya hemos explicado, esto dependerá de las características de las personas que harán uso de él.

**Por ejemplo**: todo cambia completamente si son jóvenes, si es una familia, si es un lugar de ocio o trabajo.

El **ambiente** lo crearemos por medio de:
1. Color
2. Iluminación
3. Estilo de decoración

Al *color* dedicaremos un apartado específico porque es una herramienta muy útil tanto para decoradores como para home stagers.

Con respecto a la *iluminación*, es importante no contar con zonas oscuras. La luz debe dar el acabado que estamos buscando.

El *estilo de decoración* escogido nos ayudará a decidir qué texturas y acabados tendrán los muebles, qué formas estamos buscando que armonicen el conjunto y logren el efecto visual deseado.

Las **texturas** son diversas, podemos hablar de que una superficie puede ser granulada, estriada, satinada, mate, áspera, entre otras, y todas ellas nos transmiten sensaciones visuales diferentes.

De los estilos de decoración hablaremos también en un apartado completo más adelante.

### *Distribución de los muebles*

Hablemos ahora de la distribución de los muebles. ¿Qué aspectos se han de tener en cuenta de manera general?
1. La circulación tanto dentro de una habitación, como entre habitaciones debe ser fluida y libre de todo tipo de obstáculos.
2. Estéticamente hablando, todo debe contribuir a lograr el ambiente deseado.
3. Todos los accesorios y muebles deben combinar entre sí formando parte de un todo.
4. Los muebles no deben obstaculizar puertas ni ventanas.
5. Los muebles no deben quedar encajonados tras las puertas.

### Otros conceptos importantes en decoración

*"**Fondo permanente**: los planos que conforman una habitación: las cuatro paredes, el suelo y el techo".*

*"**Centro de interés**: punto más interesante de una habitación, donde se centra la actividad más importante de la misma".*

Estos dos conceptos son muy importantes en home staging, ya que de esta manera podemos analizar mejor una habitación para proponer una correcta distribución.

**Ejemplo:**
En un dormitorio el *"fondo permanente"* es la habitación en sí, como hemos explicado anteriormente. Estos elementos son inamovibles, sin embargo, se puede trabajar sobre nuestro *"fondo permanente"* para acortarlo, alargarlo, hacerlo lucir más profundo, y así sucesivamente.

Esto se logra mediante el uso adecuado del color, de la distribución de los muebles y accesorios, así como de la iluminación complementaria.

El *"centro de interés"* será la cama con sus respectivas mesitas de noche, la cual colocaremos allí donde mejor luz natural llegue, evitando siempre los excesos; como norma general.

¡Pasemos a hablar del COLOR!

## 2.3 El Color

En decoración y Home Staging, el color es uno de los recursos más importantes, ya que tiene mucha influencia en el estado de ánimo de las personas.

El color no es una propiedad de los cuerpos, sino que depende, entre otras cosas, de la luz que estos reflejan. Por ello las sensaciones que se tienen al observarlos son subjetivas.

Sin embargo, experiencias, conocimientos adquiridos, modo de vida, cultura, etcétera; hacen que se perciban algunos colores de manera similar por grandes grupos de personas, un país, por ejemplo.

Consciente o inconscientemente, cada individuo se inclina hacia ciertos colores y puede incluso sentir aversión por otros. Y comprender esto es de vital importancia tanto para un decorador, como para un home stager.

### El círculo cromático

 La importancia del círculo cromático radica en la posición que tienen los colores en él, la cual nos va a servir de referencia para varias cuestiones que veremos a continuación.

Si trazamos una línea que corte el círculo cromático a la mitad, nos quedará dividido en dos partes: colores fríos y colores cálidos.

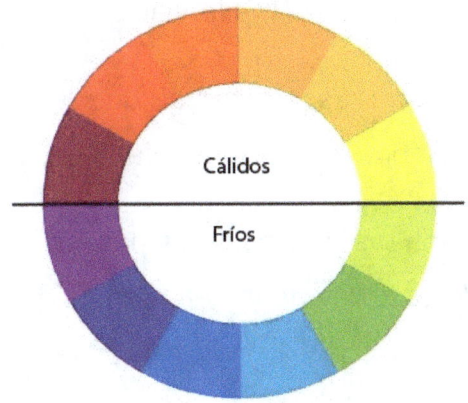

La gama de **morados, azules y verdes conforman los colores fríos**, son colores que parecen alejarse de la vista y tienden a reducir el tamaño de los objetos.

Mientras que **rojos, naranjas y amarillos son cálidos**, irradian, parecen salir de la superficie; al contrario de los fríos, agrandan visualmente los objetos.

El blanco y el negro son llamado **acromáticos**.

**Colores complementarios**

A cada color del círculo cromático le corresponde un color complementario, que será el que se encuentre diametralmente opuesto a este.

En la siguiente imagen, las flechas indican una pareja de complementarios:

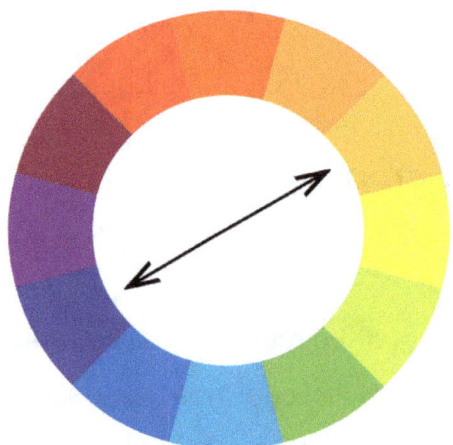

Cuando se combinan dos colores complementarios entre sí, se consigue un contraste máximo, esto significa que resulta muy llamativo e impactante visualmente. Este comportamiento del color es muy importante a la hora de escoger, por ejemplo, el color de las paredes y de los muebles, ya que repercutirán el uno en el otro respectivamente, y los modificarán a la vista.

Siempre tendrá una influencia más fuerte, el que tenga mayor superficie. Por ejemplo, el color de la pared sobre el color del sofá, o de un cuadro.

Por ello los colores neutros son los más seguros para utilizar en las paredes, ya que son los que menos alteran los colores de los elementos que tienen alrededor.

Hay que tener en cuenta que la luz también modifica los colores. Por ello, cuando se han de hacer pruebas de pintura o colores, se han de hacer allí donde se vayan a colocar finalmente, para poder observar el resultado real.

**Dimensiones del color:**

1. **Matiz**: variantes o gradaciones que puede recibir un color sin ser confundido con otro.
2. **Saturación**: grado de tinte o potencia de un color. A mayor pureza cromática mayor saturación.
3. **Luminosidad**: claridad u oscuridad que tiene un matiz. A mayor presencia del blanco, mayor luminosidad.

Los colores saturados son muy dominantes y pueden incluso llegar a agobiar, sobre todo si se utilizan en superficies grandes.

Como norma general, es mejor utilizar matices muy saturados solo para dar toques de color, nunca en grandes superficies, a no ser que se desee crear un gran impacto visual.

Los colores luminosos y con baja saturación son una apuesta segura como "fondo permanente" de muebles, alfombras y accesorios, ya que no les restará importancia.

*Os preguntaréis entonces:*

*¿Cómo conseguir la combinación de colores adecuada?*

Los decoradores hacen trabajos realmente impresionantes apoyados en varios colores. Pero con un máximo de tres o cuatro colores se puede lograr una apuesta segura, asignándoles una importancia según la superficie que vayan a ocupar cada color.

El de mayor importancia será el que ocupe las superficies más grandes y así sucesivamente, hasta llegar a aquel que emplearemos en los pequeños detalles.

El color del "fondo permanente" debe ser escogido según la orientación geográfica y la actividad que se vaya a realizar en la habitación.

# Combinaciones de colores

1. **Armonía monocromática**: como su nombre lo indica, se forma combinando varios tonos de un mismo color. Es muy fácil de usar y conlleva poco riesgo de error. Sin embargo, en habitaciones muy amplias puede resultar

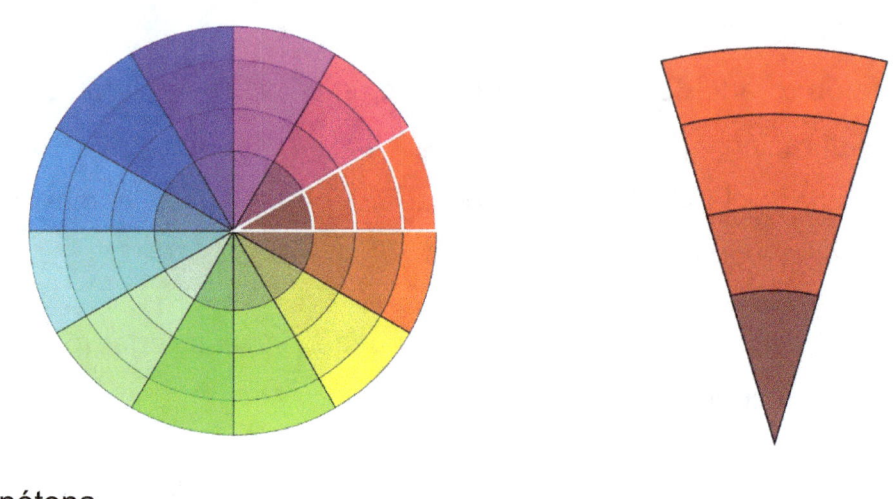

monótona.

2. **Armonía de análogos**: se forma con colores que tienen algo en común. Si partimos el círculo cromático en tres partes iguales, aquellos colores que queden en el mismo grupo tendrán algo en común.

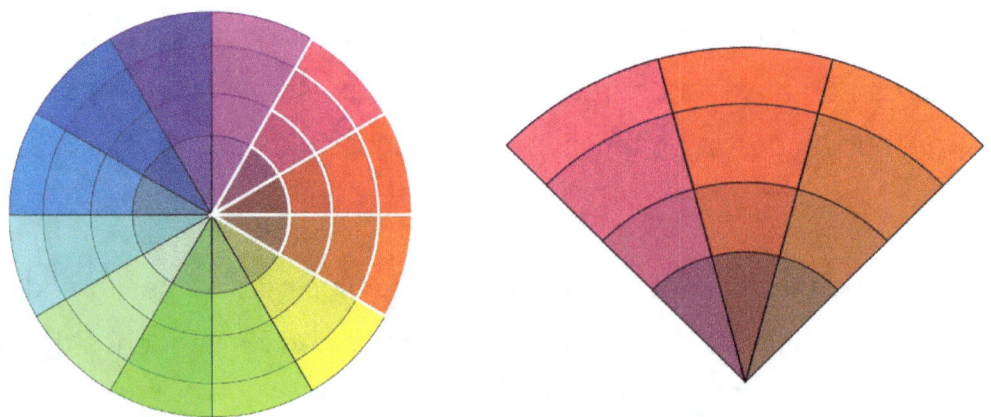

3. **Armonía de afines**: se forma por dos colores que tienen un color común entre sí. A diferencia de la armonía de análogos, los escogidos no pueden estar alejados el uno del otro en el círculo cromático.

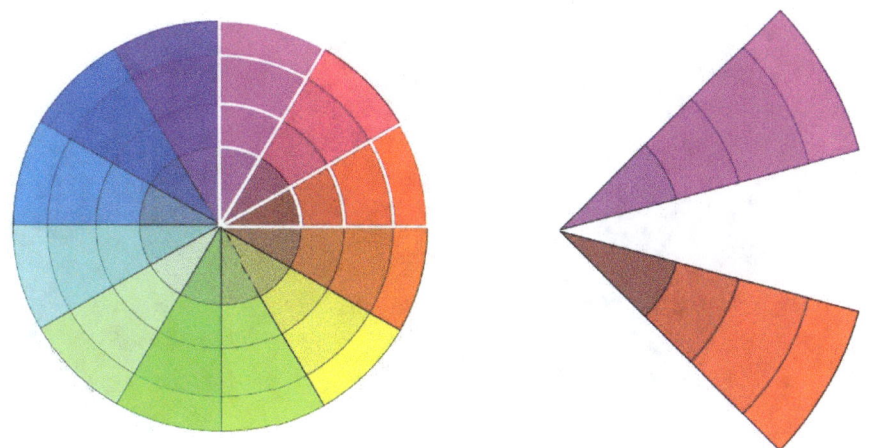

4. **Armonía de complementarios**: se forma combinando colores complementarios. Esta armonía se ha de emplear a conciencia, sabiendo que será de gran impacto visual. Se suaviza empleando el color contiguo al complementario, o interponiendo entre los complementarios un color de

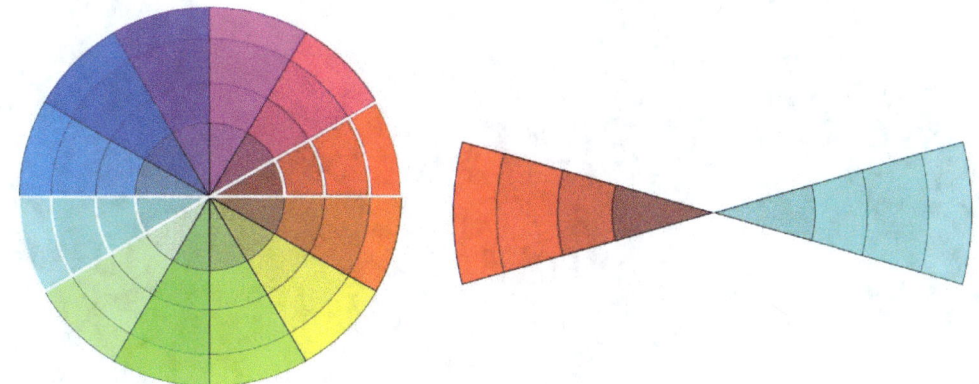

transición o un color neutro.

5. **Armonía de temperatura**: se forma con colores que sean o todos fríos o cálidos.

**La influencia de los colores en el estado de ánimo**

**¿Qué influencia tienen los colores sobre nuestro estado de ánimo?**

Veamos el uso del azul y blanco en la siguiente imagen:

¿Qué os parece este precioso cuarto de baño donde predomina el azul y el blanco? Es muy elegante, ¿verdad?

El color **azul** suscita a la calma, al reposo, evoca quizás un tanto la tristeza y a la introspección. En espacios laborales favorece el trabajo intelectual.

Por su parte el **blanco** da sensación de candor y limpieza, contrasta en este caso con el azul y le da relieve. A este cuarto de baño lo dota de modernidad y elegancia.

Por otro lado, el **verde** es un color muy usado en decoración, ya que se adapta a muchas circunstancias. Sin embargo, en Home Staging se debe emplear solo para dar toques de color, comprenderéis el por qué más adelante.

El verde es el color del equilibrio, de la tranquilidad; refuerza la atención y la concentración.

En esta habitación se le ha dotado de vitalidad al combinarlo con amarillo, ya que este es un color caliente y alegre, luminoso como el sol. Es ideal para espacios con poca luz natural, pero conviene que no esté muy saturado si se va a usar en paredes.

Sin embargo, como en el ejemplo anterior, en pequeños adornos viene fenomenal para aportar vitalidad. Es un color que combate la depresión, aunque en exceso también puede resultar irritante.

Las paredes se han pintado de **gris**, el cual es un color neutro conformado principalmente de blanco y negro, aunque se obtiene también de la mezcla de otros colores. Son cálidos los grises que se obtienen de rojo y amarillo, y fríos, naturalmente, los que se obtienen a base de azul. Es muy usado en decoración y Home Staging para fondos y paredes por su versatilidad y neutralidad.

### El color morado

Es un color a tratar con precaución, ya que inspira tristeza, melancolía, no es adecuado para personas que tengan tendencia a la depresión. Por otra parte, es muy profundo y ligado a la femineidad. Las tonalidades que tienden al rojo se animan y se tornan cálidas.

Es preferible usarlo en superficies pequeñas o en adornos.

¡Veamos este salón!

En general se usan tonos claros, pero tenemos presencia de ¡rojo y negro! Son 2 colores que no se pueden emplear en superficies muy extensas sin llegar a cansar. Sin embargo, usados adecuadamente aportan mucho carácter y personalidad.

El **rojo** es el color cálido por excelencia, provocativo, estimulante. En este caso, con el blanco se suaviza y dota a la estancia de cierta elegancia.

El **negro** por su parte es muy propicio al contraste, con el blanco, sobre todo, pero también con otros colores. En locales comerciales se logran resultados geniales con este color.

## El color naranja

Veamos el uso del color naranja en la siguiente imagen:

Es un color radiante, se presta mejor que el amarillo para superficies extensas y como en este ejemplo, es inmejorable en detalles para aportar alegría y romper la monotonía. Es también muy estimulante y se dice que acentúa la respiración.

**El color tiene una fuerte influencia en la decisión de compra, ya que esta tiene un gran componente emocional, además, el color crea memoria visual de los espacios y objetos.**

Según diversos estudios de marketing, los hombres odian el morado, el marrón y el naranja; mientras que a las mujeres no les encantan ni los grises, ni los marrones, ni los naranjas.

Factor común: marrones, naranjas, morados...

Por lo que, aunque en decoración se logran resultados estupendos combinando estos colores; en Home Staging es mejor evitarlos, para así llegar a un mayor público. O emplearlos muy sutilmente en accesorios y adornos.

A continuación, veremos las características esenciales de los diferentes estilos decorativos más conocidos. El objetivo es que podáis identificarlos, ya que como hemos explicado anteriormente, en Home Staging es necesario evitar enmarcar una casa en cierto estilo de decoración, ya que puede no gustar a un determinado grupo de personas.

## 2.4 Estilos de decoración

Como hemos visto anteriormente, los diferentes estilos de decoración ayudan al decorador de interiores a conseguir el ambiente deseado. Le indica una línea de trabajo encaminada a obtener un resultado armonioso y con sentido.

Cada estilo tiene unos colores, formas, materiales y objetos decorativos distintivos, pero para los objetivos de este curso no es relevante adentrarnos en ellos.

Por lo que haremos un recorrido por las principales características de cada uno de los estilos para que seáis capaces de identificarlos.

**El estilo Étnico**

Engloba varios sub-estilos, por así decirlo, ya que utiliza elementos decorativos de diferentes partes del mundo, haciendo alusión a una cultura específica.

Es un estilo que nos transporta a lugares exóticos, misteriosos, cuya estética está muy apegada a la tierra y a los materiales artesanales.

**El estilo Art Decó**

Surgió en Francia a finales de la segunda guerra mundial. Buscaba modernizar las típicas decoraciones mostrando cierto estatus de riqueza y elegancia.

En su época se consideró un arte de vanguardia que ensalzaba el lujo en cada detalle decorativo. En la actualidad vuelve a ser tendencia destacar viejas líneas y formas conservadoras.

**El estilo Shabby Chic**

Está inspirado en las antiguas casas de campo de Gran Bretaña, cuyas familias humildes las decoraban con muebles de segunda mano, gastados, pero elegantes buscando el look caro de la época victoriana.

Sin embargo, este estilo busca un punto de encuentro entre lo vintage y lo moderno a través del uso del blanco, los colores pastel, los elementos florales y el romanticismo.

**El estilo Barroco**

Tiene su origen en la Italia del siglo XVII en contraposición al ilustrismo. Comenzó siendo un estilo ofensivo para su época por la abundancia de ornamentación y porque simbolizaba la búsqueda de los placeres terrenales y el poder; buscando esa sensación de lujo.

**El estilo bohemio**

Tiene mucha influencia de la cultura árabe y gitana. Es una decoración dotada de alegría, vida y libertad que apuesta por colores vibrantes y complementos atrevidos. Inspira un ambiente viajero.

### El estilo contemporáneo

Es uno de los más populares por su relativa sencillez, se caracteriza por el uso de muebles sencillos pero robustos; así como por la mezcla de diversos materiales. En la actualidad se ha suavizado usando colores más claros.

**El estilo rústico-campestre**

También conocido como estilo *country*, se caracteriza por tonos claros, aire fresco, cómodos muebles y textiles con cierto romanticismo; resaltando la importancia de los recuerdos y el bienestar.

**El estilo ecléctico**

Es ideal para quienes no se decantan por un solo estilo, ya que permite mezclar piezas al gusto, guardando siempre de que exista una armonía.

Se trata de tomar ideas de otros estilos que contrasten entre sí y a la vez armonicen, creando un espacio único y respondiendo a un deseo o necesidad concreta.

**El estilo Industrial**

Está muy de moda en la actualidad, sin embargo, surgió en el Nueva York de mediados del siglo XX, cuando inmigrantes recién llegados buscaban alquileres baratos en fábricas abandonadas y acondicionadas para vivir en ellas.

En nuestros días atrae mucho su carácter urbano, sencillo y moderno. La clave está en los techos altos, grandes ventanales y espacios diáfanos; vigas y tuberías a la vista.

## El estilo mediterráneo

Se basa en la cultura que le da nombre, proveniente de países como Grecia, Italia y España. Es un estilo que evoca vacaciones en el mar y busca una conexión con la naturaleza. Las vigas de madera en techos son también un elemento característico de este estilo.

**El estilo Toscano**

Su rasgo distintivo es el romanticismo italiano, de donde proviene. Es un estilo decorativo que refleja la naturaleza, la sencillez y calidez de la antigua campiña italiana, específicamente de la región de la Toscana, conocida y admirada por sus hermosos paisajes.

## El estilo nórdico o escandinavo

Como su nombre lo indica, proviene de países del norte de Europa como Noruega y Suecia, regiones donde priman las bajas temperaturas y los largos inviernos. Así surge la necesidad de muebles funcionales y duraderos, que resulten también acogedores, ya que los escandinavos pasan mucho tiempo en casa. Predomina el color blanco y las maderas expuestas. Es un estilo sencillo, funcional, cómodo, limpio y relajado.

**El estilo minimalista**

Se explica por sí mismo. Es sencillo, limpio y moderno, su base es el blanco el cual se usa en paredes para dar esa sensación de amplitud y limpieza.

Existen otros estilos de decoración, pero estos son los más conocidos y usados. Para un home stager lo importante es saber reconocerlos, y sobre todo evitar aquellos cuyos elementos decorativos son muy estridentes o marcados.

A continuación, os dejamos 3 ejercicios de comprobación y fijación de los conocimientos.

## 2.5 Ejercicios

**1. Identifica si las siguientes imágenes corresponden a un Home Staging o a una decoración de interiores.**

Imagen a)

Imagen b)

Imagen c)

Imagen d)

Imagen e)

**2. Marca Verdadero o Falso según corresponda:**

- ☐ La decoración de interiores consiste en conseguir el ambiente adecuado para las personas que utilizan o habitan ese espacio.
- ☐ En decoración, el ambiente deseado se crea por medio de tres factores: color, iluminación y temperatura.
- ☐ Es correcto colocar un armario alto delante de una ventana si hace falta ahorrar espacio.
- ☐ El "fondo permanente" está compuesto por el mobiliario y los accesorios de una habitación.
- ☐ El "centro de interés" es el mueble donde se guardan los videojuegos.

**3. Escoge un color predominante para decorar el dormitorio de un hombre adulto, soltero que trabaja de 8:00 a 18:00.**

Explica tu respuesta.

## Respuestas a los ejercicios del Tema 2

**Ejercicio 1:**

a) **Decoración de interiores**: se observan detalles personalizados como el panelado de la pared, y fotografías.

b) **Decoración de interiores**: se observa claramente el estilo de decoración étnico, con sus accesorios y colores característicos. En Home Staging nunca se pintaría una pared de color gris oscuro, ni se pondría ese tipo de cuadros.

c) **Decoración de interiores**: se observan objetos personales tales como un cuadro con una fotografía. En la mesita de noche hay una imagen religiosa.

d) y e) **Home Staging**: salones totalmente despersonalizados, sin ningún estilo de decoración marcado y colores neutros, se observa todo despejado.

**Ejercicio 2:**

1. **VERDADERO:**

   Concepto: "La decoración de interiores consiste en conseguir en un espacio determinado, el ambiente que encaje con la personalidad de quienes hacen uso de él, por medio de masas, luz y color; buscando un equilibrio entre belleza y utilidad".

2. **FALSO:**

   El ambiente se crea por medio de color, iluminación y estilo de decoración.

3. **FALSO:**

   Las ventanas y puertas deben quedar siempre libres de todo tipo de obstáculos.

4. **FALSO:**

   "Fondo permanente: los planos que conforman una habitación: las cuatro paredes, el suelo y el techo".

5. **FALSO:**

   "Centro de interés: punto más interesante de una habitación, donde se centra la actividad más importante de la misma".

**Ejercicio 3:**

Veamos las variables a tener en cuenta:

1. Adulto: el color debe ser adecuado, o sea, no emplear un color infantil.
2. Soltero: no hay que tener en cuenta otros miembros de la familia.
3. Hombre: no les gustan en general los colores naranjas, marrones, morados, etcétera.
4. Horario de trabajo: necesita llegar a casa y encontrar un ambiente relajado que suscite al descanso y a la desconexión.

¡En este caso, el color lo dejamos a vuestra elección! :)

# Tema 3: Proceso de Home Staging paso a paso

Este es el tema central de nuestro curso y es donde explicaremos en detalle todo el proceso del Home Staging.

Lo primero que tendremos que hacer cuando tengamos un posible proyecto es entrevistarnos con el cliente, de esta manera conoceremos sus necesidades, lo que busca, las características fundamentales de la vivienda y el presupuesto con que se cuenta.

En este caso con "cliente" nos referimos al vendedor de una propiedad.

## 3.1 Entrevista con el vendedor

En nuestro primer contacto con el vendedor sabremos si solo necesita una consulta, o un Home Staging completo.

El precio que este estará dispuesto a pagar será directamente proporcional al valor de la casa. Y esto se ha de tener en cuenta a la hora de presentar un presupuesto.

Como home stagers deberíamos tener fijados unos precios de consultorías, antes de cualquier entrevista con clientes, así será mucho más ágil todo el proceso.

Sin embargo, si el cliente busca un Home Staging completo las cosas se complican un poco, por lo que es mejor no dar cifras de antemano, para no quedar pillados.

Más adelante veremos todo lo que puede estar implicado en los presupuestos que podemos presentar a los clientes.

Nos encontraremos con vendedores que aún viven en la casa que desean vender. También trabajaremos con casas que se encuentran vacías, estas son las ideales para hacer un Home Staging completo, dado que ofrecen mucha más libertad de acción.

### ¿Qué beneficios ofrece un home stager a los vendedores?
- [ ] Les preparará su casa para que los compradores la vean:
  - Cómoda
  - Funcional
  - Atractiva

### ¿Por qué los vendedores necesitan un home stager?
- [ ] Porque no tienen los conocimientos necesarios para establecer una organización de la casa atractiva, cómoda y funcional a ojos de los compradores.

### ¿Antes de visitar la casa, que deberías saber como home stager?
- Ubicación
- Precio de venta
- Metros cuadrados
- ¿Por qué la quieren vender?
- ¿Qué es lo que más le gusta y/o disgusta al vendedor de su casa?

Esta información es valiosa para evaluar las decisiones que se tomarán después a la hora de plantear el proyecto. Cuantos más detalles conozcamos de la casa, mejor podremos imaginar cuáles son sus posibles compradores y preparar la casa enfocados a ellos.

**Ejemplo:**
*Un piso de 1 o 2 habitaciones en el centro de Madrid raramente interesará a una familia creciente. La puesta en escena debería estar enfocada tal vez más hacia una persona soltera o una pareja sin niños que trabaja en la ciudad.*

Conocer el motivo por el cual se desea vender es importante para entender el nivel de urgencia por la venta. No es lo mismo una familia que quiere vender para comprar una casa más grande, que una persona que ha heredado un piso y lo quiere poner a la venta.

Una vez reunida la información importante, es muy recomendable hacer una pequeña investigación en la zona donde se encuentra la propiedad. El objetivo es conocer si existen a la venta propiedades similares, qué precios y características tienen, así como sus condiciones.

**¡Ahora ya estamos preparados para visitar la propiedad!**

Para ello debemos ir equipados con nuestro kit de trabajo, ya que se deberán tomar medidas, notas y hacer fotos.

Nos pondremos en el rol de un comprador, observaremos todos los detalles, tomaremos nota de lo que más nos afecte o nos guste. Nunca haremos comentarios negativos sobre la casa, ya que puede herir los sentimientos del vendedor, el cual tiene un vínculo emocional con esta.

**Todo importa**, el vecindario, el acceso a la casa, la entrada, la fachada, así como el interior. Todo se ha de tener en cuenta.

Tomaremos muchas fotos, ya que luego nos servirán para recordar todos los detalles, y también para el "antes" del proyecto en nuestros portafolios.

Es importante tomar medidas de las habitaciones que se van a amueblar, dado que el tamaño de los muebles debe ser proporcionado. Si el cliente nos hace llegar los planos mucho mejor.

**Es importante evaluar:**
1. La arquitectura general de la casa
2. Las vistas
3. La decoración original
4. La entrada de luz natural

Evaluar estos cuatro puntos nos darán las fortalezas y debilidades de la casa. Se trata de elaborar un diagnóstico que nos dirá donde habrá que trabajar más y qué aspectos de la casa realzar.

Con todo esto ya podemos elaborar un presupuesto para presentarlo al cliente. Veamos a continuación qué se ha de tener en cuenta.

## 3.2 Presentación del presupuesto y firma del contrato.

Una vez evaluado todo lo que se ha de hacer en la casa, se debe presentar un **presupuesto** lo más ajustado posible y que incluya todo aquello que va a formar parte del proyecto.

Veamos un ejemplo a través de una plantilla que podéis utilizar:

|  | PRESUPUESTO | | | | |
|---|---|---|---|---|---|
|  | PROVEEDOR | COSTE | PRECIO CON IVA | MARGEN | PRECIO FINAL |
| RECIBIDOR | 0 | 0 | 0 | 0 | 0 |
| Mesa consola | 0 | 0 | 0 | 0 | 0 |
| Atrezzo | 0 | 0 | 0 | 0 | 0 |
| Lámpara de mesa | 0 | 0 | 0 | 0 | 0 |
| Lámpara de techo | 0 | 0 | 0 | 0 | 0 |
| SALON | 0 | 0 | 0 | 0 | 0 |
| 1 sofá 2,5 | 0 | 0 | 0 | 0 | 0 |
| Alfombra | 0 | 0 | 0 | 0 | 0 |
| Mesa centro | 0 | 0 | 0 | 0 | 0 |
| 2 Mesas auxiliares | 0 | 0 | 0 | 0 | 0 |
| 2 lámparas mesa aux. | 0 | 0 | 0 | 0 | 0 |
| 2 butacas | 0 | 0 | 0 | 0 | 0 |
| COMEDOR | 0 | 0 | 0 | 0 | 0 |
| 1 mesa | 0 | 0 | 0 | 0 | 0 |
| 6 sillas | 0 | 0 | 0 | 0 | 0 |
| 1 lámpara de techo | 0 | 0 | 0 | 0 | 0 |
| 1 mueble auxiliar | 0 | 0 | 0 | 0 | 0 |
| 1 lámpara mueble aux. | 0 | 0 | 0 | 0 | 0 |
| 1 planta | 0 | 0 | 0 | 0 | 0 |
| DORMITORIO PRINCIPAL | 0 | 0 | 0 | 0 | 0 |
| 1 cama 2x2 | 0 | 0 | 0 | 0 | 0 |

| | | | | | |
|---|---|---|---|---|---|
| 2 mesitas noche | 0 | 0 | 0 | 0 | 0 |
| 2 lámparas mesita noche | 0 | 0 | 0 | 0 | 0 |
| 1 cabecero | 0 | 0 | 0 | 0 | 0 |
| ropa de cama | 0 | 0 | 0 | 0 | 0 |
| Cuadros | 0 | 0 | 0 | 0 | 0 |
| 1 butaca | 0 | 0 | 0 | 0 | 0 |
| 2 alfombras | 0 | 0 | 0 | 0 | 0 |
| ATREZZO DE COCINA | 0 | 0 | 0 | 0 | 0 |
| ATREZZO DE BAÑO | 0 | 0 | 0 | 0 | 0 |
| ATREZZO GENERAL DE LA CASA | 0 | 0 | 0 | 0 | 0 |
| TOTAL | 0 | 0 | 0 | 0 | 0 |
| | | | | | |
| Pintura | 0 | 0 | 0 | 0 | 0 |
| Reparaciones | 0 | 0 | 0 | 0 | 0 |
| Mobiliario | 0 | 0 | 0 | 0 | 0 |
| Reportaje fotográfico | 0 | 0 | 0 | 0 | 0 |
| Portes y Montajes | 0 | 0 | 0 | 0 | 0 |
| Honorarios Home Stager | 0 | 0 | 0 | 0 | 0 |
| TOTAL | 0 | 0 | 0 | 0 | 0 |
| Iva 21% | 0 | 0 | 0 | 0 | 0 |
| **TOTAL con IVA** | **0** | **0** | **0** | **0** | **0** |

Tal como se puede apreciar en el presupuesto, se incluyen tanto los materiales (muebles, decoración, ropa de cama), como los trabajos manuales (pintura, reparaciones, portes, montajes) y otros servicios adicionales, como el reportaje fotográfico. Además de los propios honorarios como home stager.

El presupuesto se envía al cliente y si le parece bien, debe ir sucedido por la firma de un contrato de servicios adecuado a cada caso.

**El objetivo del contrato** es cubrir cualquier eventualidad que pueda surgir durante la prestación de los servicios. Lo más recomendable es tener un modelo de contrato preparado específicamente para vosotros con un asesor legal.

## 3.3 Comienza la acción: metodología del Home Staging

Antes de comenzar es necesario recalcar que el proceso de Home Staging puede ser más difícil en una vivienda habitada, pero se ha de explicar a los propietarios la importancia de cada una de las acciones a seguir, ya que todo será en su beneficio y en aras de alcanzar el objetivo final: vender la casa lo antes posible y por su mejor precio.

### Primer paso: Despersonalizar

**Concepto: *retirar todos los efectos personales de los habitantes de la vivienda.***

Ejemplos: fotos, símbolos religiosos o políticos, souvenirs de viajes, elementos de las mascotas, etcétera.

Como vimos en el tema de decoración, también se tendría que retirar todos aquellos elementos de algún estilo decorativo en particular.

Recordaréis que los colores de las paredes o el "fondo permanente" debe ser neutro, esto también forma parte de este sencillo, pero a la vez tan importante primer paso.

***Objetivo: que los compradores no encorseten la casa en cierto estilo de vida, o con alguna vertiente política, religiosa o de cualquier otra índole que vaya en contra de sus deseos, ya que esto puede afectar el PROCESO EMOCIONAL de la compra.***

**Tips:**

- Hacerse con cajas antes de comenzar para ir guardando y etiquetando los objetos que no van a formar parte del resultado final.

### Segundo paso: Ordenar

Este paso es fundamental, muchas casas lucen pequeñas debido a la desorganización y mala distribución del mobiliario.

Por este motivo se retirarán todos los muebles que no sean estrictamente necesarios para indicar claramente el propósito de una habitación.

Los muebles que se quedarán deberán ser elegidos a conciencia, escogeremos aquellos que se encuentren en buen estado de conservación y que no hagan lucir la casa demasiado anticuada.

***Objetivo: que las habitaciones luzcan más amplias y despejadas.***

Es importante no dejar habitaciones vacías, dado que el comprador necesita comprender para qué sirve cada espacio, y en la mayoría de los casos, ellos no son capaces de visualizarlo por ellos mismos. Es el trabajo del home stager mostrar y sugerir toda la utilidad que puede tener cada metro cuadrado.

En casas completamente vacías se ha de aconsejar al cliente amueblarla, por lo que será preciso definir en el presupuesto si los muebles formarán parte de la venta, y quien se hará cargo de este coste.

Esta es también una fuente de ingresos para los home stagers que hacen amueblamientos completos. Ya que cuentan con proveedores a los que compran los muebles a precio de coste y luego los cobran al cliente con cierto margen de beneficio.

## Tercer paso: Reparar

En este punto nos centraremos en arreglar todos aquellos pequeños desperfectos que se puedan ajustándonos al presupuesto del cliente.

Iremos recorriendo la casa habitación por habitación y apuntando todos aquellos pequeños, medianos o grandes desperfectos que no pasarías por alto si fueras tú quien desea comprar la casa. No se deben olvidar los alrededores, fachada, entrada, todo ello forma parte del conjunto.

Probablemente no se podrá hacer frente a todos los aspectos de la lista, pero habrá muchos que serán fácilmente manejables porque cuestan muy poquito dinero y esfuerzo.

También nos encontraremos con otros que sabrás que ningún comprador pasará por alto y no queda más remedio que solucionarlo.

Te contaremos un secreto que quizás no conozcas: la mente humana es maravillosa y nos lleva por caminos insospechados, la decisión de comprar o no una casa será tomada por el SUBCONSCIENTE del comprador.

**Imaginemos esto**: un comprador decide visitar la casa objeto de tu proyecto.

Esta persona tiene un precio máximo que está dispuesto a pagar y la casa entra en él. La ha encontrado, le ha gustado el anuncio y las bonitas fotos y ha decidido dedicarle una visita, un tiempo valioso para él.

Bien, desde el minuto uno en él que ni siquiera ha entrado en la propiedad, si no que se está acercando al vecindario, a la entrada de la casa, su subconsciente está captando todo tipo de sensaciones que le envían alertas positivas o negativas sin siquiera darse cuenta de ello.

Así pues, antes de lo que imaginas, esa persona ya ha decidido si comprará o no la casa.

Si estaba dispuesto a pagar lo que pide el vendedor, si le gustaron el anuncio y las fotos, entonces, ¿qué ha pasado para que decida NO comprarla?

Uno de los motivos es que, en la mente del comprador, esas pequeñas reparaciones que no cuestan mucho y algunos propietarios piensan que él hará gustosamente una vez compre la casa; le hacen pensar que tendrá que hacer muchos arreglos cuando se instale, en su mente se hacen más grandes de lo que realmente son, e inconscientemente van restando valor.

Ejemplo de pequeños arreglos a los que nos referimos:
- Cristales de ventana rotos
- Pomos de puertas o ventanas rotos u oxidados
- Bajos de puertas interiores desconchados
- Juntas de azulejos amarillas o levantadas
- Juntas de mamparas amarillentas
- Grifos oxidados
- Interruptores amarillentos, manchados o rotos
- Rodapiés despegados

**TIPS**

**¡RUIDOS!**

A nadie le gustan las puertas que crujen. Se puede emplear spray multiusos para todas las bisagras de la casa que hagan ruido, tanto puertas como muebles.

En las ventanas de corredera de aluminio antiguas se suelen romper las ruedas. Son fáciles de reparar. Pero si no es posible, al menos, se pueden limpiar los raíles y usar lubricante, como el espray multiusos para que se desplacen con mayor facilidad.

Recordemos limpiar el exceso para evitar olores fuertes y ventilar.

### A LA VISTA

No debe haber cables sueltos a la vista.

Las llaves y enchufes son baratos y fáciles de encontrar.

Debemos retirar todos los clavos y alcayatas que no se usen y sellar todos los agujeros con masilla, esperar a que sequen y pintarlos.

No debemos dejar rodapiés ni otras piezas sueltas, existe una gran variedad de soluciones para repararlos. La silicona obra maravillas y la hay de varios colores.

Como hemos visto en la parte del presupuesto, las reparaciones hay que incluirlas, ya que habrá que pagar a otras personas profesionales del tema para que las lleve a cabo.

**Hablemos de la pintura de las paredes:**

En España existe la creencia extendida de que si se vende una casa recién pintada es porque se ha querido tapar algo. Bien, probablemente eso fue así en el pasado, pero en la actualidad, a no ser que quien vaya a comprar la casa sea un inversor que la quiere reformar, al comprador no le va a hacer ninguna gracia ver paredes mohosas o manchadas.

Sobre todo, porque la pintura es barata, y es una de las formas más sencillas de dar un lavado de cara a una vivienda.

A vosotros, como home stagers os tocará evaluar si es necesario pintar o no la casa o ciertas habitaciones según los criterios de los que hemos estado hablando hasta aquí.

También dependerá del presupuesto del cliente, si este es muy ajustado, habrá que dar prioridad a aquellos aspectos que consideréis más urgentes.

Sobre qué colores usar ya hemos hablado, sin embargo, aquí queremos hacer hincapié sobre un tema: debemos intentar que el color elegido para las paredes deje una marca emocional en la mente de los compradores, pero debe ser neutro y de baja saturación.

¡Ojo!, lo de pintar una habitación de cada color ya no se lleva, todo lo contrario. La casa completa debe seguir una misma línea de color.

**¿Y las luces?**

Recordaréis del tema de decoración la importancia de la iluminación para crear el ambiente deseado.

He aquí otro tema controvertido, en España, muchos propietarios quitan el suministro eléctrico para disminuir los gastos de la casa que está en venta, sin comprender que para un comprador resulta muy molesto visitar una casa sin luz, ¡le hace perder el tiempo! y el tiempo es ORO.

Por otra parte, en algunos países en invierno oscurece muy temprano y se pierden horas valiosas en las que puedes enseñar la propiedad con buena iluminación.

Como norma general y además teniendo en cuenta todo lo que ya habéis aprendido en el tema de decoración; para complementar la luz natural, colocaremos otras 2 lámparas por habitación: la de techo, y alternaremos entre lámparas de pie o mesa según el mobiliario con que contemos y el presupuesto del cliente.

Debe existir una armonía entre todos los muebles y accesorios, y deben ser adecuados para la habitación en cuestión. Por ejemplo: nunca pondremos una lámpara infantil en un dormitorio de matrimonio o viceversa.

## Cuarto paso: Limpiar

Esta es probablemente la parte más sencilla pero no por ello menos importante, todo lo contrario. La limpieza de la vivienda debe ser a conciencia y minuciosa, sobre todo el baño y la cocina. Estas dos habitaciones deben estar impecables de limpieza y olores.

No se deben olvidar las ventanas, persianas, patios, terrazas…

Nos gusta recomendar que os pongáis en el rol de un director de hotel que está verificando que todo se encuentre en perfectas condiciones de limpieza para sus clientes.

Existen numerosas empresas de limpieza en el mercado, en las cuales os podéis apoyar para realizar el trabajo, dado que habrá zonas que necesitarán limpieza profesional.

**TIPS**

> **PRESTA ESPECIAL ATENCIÓN...**
>
> Al área alrededor de las llaves de la luz. Se pueden limpiar con un trapo húmedo si la pintura de la pared es lavable. En caso contrario, se debe considerar pintar las manchas.
>
> Revisa las manchas y gotas de pintura. Escapan a la vista en rodapiés, marcos de puertas y ventanas.
>
> Si se va a quedar un sofá de uso, lava las fundas. Para las partes no desmontables se pueden utilizar productos de lavado en seco.
>
> El polvo se suele acumular en los rincones que están fuera de la vista como los marcos de las puertas, estanterías, rodapiés, cuadros y molduras.
>
> Las manchas de las juntas de azulejos suelen salir con lejía, pero hay gran variedad de productos específicos para este fin.

Ahora ya podemos pasar al quinto y último paso: ¡la puesta en escena!

## 3.4 Quinto paso: La puesta en escena

Esta parte es muy divertida y es aquí donde daremos rienda suelta a la imaginación creando espacios cómodos, funcionales y atractivos.

Sugeriremos para qué se podrían utilizar ciertos espacios: un rincón de lectura, una zona de descanso en la terraza, una mesa con una butaca para un café en la habitación de matrimonio, etcétera.

Existe un universo de ideas, pero a efectos del curso os daremos una fórmula que funciona para cada habitación.

Comencemos con el **exterior**, recordemos que todos los detalles cuentan. Aquí juegan un papel protagonista las plantas; por supuesto, que se encuentren en buen estado.

La casa debe llamar la atención desde el exterior y hacia el interior.

En la **entrada o recibidor,** un mueble consola sencillo, con una lámpara de mesa y unas flores frescas nunca fallan. También podemos colocar un espejo encima del mueble y un plato decorativo para dejar las llaves.

Nos aseguraremos de que el paso se encuentre despejado, pero que haya una entrada definida como en el siguiente ejemplo:

**El atrezo (en teatro y televisión, conjunto de objetos y enseres que aparecen en escena) es lo que utilizaremos para dar el toque especial en cada habitación.**

La imagen anterior es un ejemplo de atrezo sencillo que podemos emplear como decoración para el recibidor.

En el **salón**, buscaremos el mejor lugar para colocar nuestro centro de interés, que podría ser el sofá, dado que es la pieza más grande. Esto marcará después el resto de la distribución. Recordemos aprovechar el sitio por donde entra más luz, o la pared más larga.

Aquí jugaremos con el resto de los muebles que tengamos. Siempre recordando que menos, es más. Tampoco debemos obsesionarnos con colocar el sofá frente a la tele. Esto sí lo podemos dejar para los nuevos dueños.

Cerraremos el círculo frente al sofá con una butaca y una mesa de centro y lo enmarcaremos con una alfombra si la casa se encuentra en un lugar un poco más frío.

Completaremos la decoración con una lámpara de pie al otro lado del sofá, y alguna planta muy bonita. Vestiremos el sofá con cojines y una manta si es época de otoño o invierno.

A continuación, os dejamos una imagen para ilustrar lo que queremos decir:

Veamos más ejemplos de distribuciones de salones:

Observa la imagen anterior: las cortinas y estores son importantes en el salón, sobre todo aportan calidez. Escogeremos cortinas lo más sencillas y neutras posibles para que no sobrecarguen el ambiente. **Todo debe ir acorde a la paleta de colores escogida.**

Hablemos ahora del **comedor**.

Es importante tener definidas las áreas principales de la casa, y esta es una de ellas, no importa si es pequeña, lo importante es que exista.

En este caso podemos vestir la mesa sugiriendo un desayuno, o una cena; o simplemente adornarla con un centro de mesa compuesto por flores frescas o frutas, ambos pueden dar el toque de color.

Aquí os dejamos varias imágenes que ejemplifican muy bien qué podemos emplear para hacer el staging a un comedor:

La imagen anterior es muy conveniente porque demuestra que, aunque tengamos pocos metros cuadrados se puede lograr mucho empleando inteligentemente el color, la distribución y el atrezo.

Y ya que tenemos una cocina-comedor, sigamos con esta, que es una de las estrellas de la casa.

Si la **cocina** lleva mucho tiempo sin actualizarse, se puede emplear pintura para azulejos, pintar las puertas de los armarios de color claro y poner tiradores nuevos para dar un lavado de cara.

Todo dependerá del presupuesto del cliente.

Pero lo más importante en este caso es LA LIMPIEZA Y EL ORDEN.

Para dar el toque de encanto, una botella de vino con un par de copas sugiere que es la cocina ideal para una pareja. Un frutero con frutas de temporada es ideal para decorar esta parte de la casa, así como un colorido libro de cocina o un bonito set de tazas.

Veamos algunos ejemplos. Observen lo despejadas que se encuentran, los pocos objetos que la conforman, y aunque una es más elegante que la otra, ambas lucen muy bonitas y limpias.

Con los **baños** ocurre algo parecido que con la cocina. No conviene que se vean demasiado anticuados porque suman años a la casa, y por supuesto tienen que estar super limpios y perfumados.

Recomendamos poner palitos de olor que puedes encontrar en cualquier mercado, es mejor un aroma suave. Un jabón nuevo sirve como decoración y también aporta olor.

Observen la siguiente imagen, todo sencillo, despejado y solo unos pequeños detalles para decorar.

Si los dueños viven en la casa, les recomendaremos tener preparado un set con toallas limpias, blancas a poder ser, un jabón de olor, y el resto del atrezo, para tenerlo muy a mano y colocarlo el día de las fotos y luego en las visitas.

Más ejemplos de baños:

Con respecto a los **dormitorios:** delimitaremos muy bien cuál es el principal, y lo prepararemos como dormitorio de matrimonio. El mobiliario indispensable es la cama y las mesitas de noche, a partir de ahí veremos qué más incorporar para que luzca más confortable, sin abarrotar el espacio.

A continuación, os mostramos una imagen para ilustrar los elementos más usados para dejar un dormitorio perfecto, pero sobre todo fijaros en la cama, esta deberá transmitir máximo confort.

Esto se logra con un colchón mullido a base de mantas, edredones y cojines. En la ropa de cama los colores también importan, por supuesto. Vestiremos la cama con sábanas blancas, y el resto siempre en colores neutros.

Si la casa tiene alguna habitación con baño en-suite, la aprovecharemos como habitación principal, ya que está muy de moda, además de que resulta muy cómodo y práctico.

Intentaremos crear en el dormitorio principal una zona aparte de la de dormir, el baño en-suite es un ejemplo. Otro ejemplo es una mesilla con una butaca, que sugiera una zona de lectura, o para el café de la mañana.

Si la vivienda tiene dos dormitorios, prepararemos el segundo de manera que ofrezca más de una posibilidad. Por ejemplo, como dormitorio juvenil / zona de trabajo, dormitorio de invitados / despacho.

Si existen tres o más habitaciones, como norma general la prepararemos en este orden: principal, juvenil, despacho, de invitados.

Juvenil o infantil, es más o menos lo mismo, en ninguno de los dos casos se recomienda emplear una decoración demasiado específica ni colores muy marcados.

Muchas personas suelen pintar la habitación de la niña de rosa. Bueno, si los compradores no tienen una niña, ese color no les vendrá bien, sin embargo, si la habitación, siendo infantil está pintada de un color neutro, no será un problema para ellos.

Si tenemos que dejar alguna habitación vacía por el presupuesto, es importante mantener los mínimos que hemos comentado: limpieza, orden y no utilizarla como trastero.

Más ejemplos de dormitorios:

Los **pasillos, escaleras y terrazas** deben encontrarse libres de todo tipo de obstáculos, esto ya lo sabéis, pero es importante recalcarlo.

En la terraza aprovecharemos para crear un espacio de ocio o descanso, dependiendo de los metros cuadrados de que se disponga.

Está muy codiciado sobre todo en tras la era COVID el espacio al aire libre y de ocio. Por lo que es muy recomendable sacar máximo partido a terrazas y balcones.

Aquí las plantas vuelven a ser protagonistas. Colocaremos alguna tumbona, o mesa de desayuno.

**Intentaremos sorprender a los compradores con algún detalle interesante e inesperado.**

## 3.5 La salida al mercado

Hablemos del **precio**.

El propietario junto a su agente inmobiliario tendrá un precio definido. Pero a efectos de este curso queremos destacar que, si la vivienda no tiene un precio adecuado, aunque tenga un Home Staging muy bien hecho, no se venderá todo lo rápido que se desea.

Recomendaremos siempre al cliente poner un precio ajustado al valor de mercado real de la vivienda. Lo que no significa qué se venda infravalorar la vivienda, y pensando siempre en el mejor interés de nuestro cliente.

**¿Por qué es importante poner un precio adecuado?**

Porque si el precio está muy por encima para bajarlo luego en la negociación, la vivienda se puede quedar fuera de las búsquedas de los compradores que tienen como tope el precio que el propietario estaba dispuesto a aceptar.

Por ejemplo: digamos que la casa vale 100.000€, pero sale a la venta por 120.000€, porque se espera bajar el precio luego en el regateo.

Bien, en el otro lado tenemos un comprador que está buscando una vivienda similar pero su presupuesto máximo es de 100.000€ (el que el propietario estaba dispuesto a aceptar en el regateo).

Entonces el comprador pone en el filtro del portal inmobiliario el precio máximo qué está dispuesto a pagar: 100.000€. En este caso no le saldrá la casa en su búsqueda, aunque es un comprador potencial.

**¡Recuerda!**

> **Staging + precio ajustado = menos regateo**

¡Un buen **PRECIO** junto a un buen **ANUNCIO** hacen magia!

Del anuncio se suele encargar la agencia inmobiliaria, sin embargo, podemos hacer ciertas recomendaciones que serán muy valiosas para el cliente. Se le ha de sacar máximo partido ya que es el primer contacto de los compradores con la casa, aquí es donde primero se capta su atención.

Hay que sacar muy buenas fotos de la propiedad, de toda ella. El día de las fotos la vivienda ha de estar impecable, y la puesta en escena tal y como la había planteado el home stager.

Es extremadamente recomendable que las fotos las haga un profesional. Sin embargo, os dejamos recomendaciones generales para las fotos:

- Aprovechar la hora de máxima luz solar.
- Dejar las luces encendidas, aunque sea de día, evitando el contraluz (si se hace una fotografía apuntando directamente hacia una luz, esta queda oscura).
- Si se cuenta con unas bonitas vistas nocturnas, es muy recomendable contar también con tomas de noche donde destaque tal vez una terraza, una piscina o la fachada.
- Si por las ventanas hay buenas vistas, dejad las cortinas o estores abiertos, y viceversa, dejando siempre pasar la luz.
- ¡Que no salgan personas ni mascotas en las fotos!
- Hacer fotos de todas las habitaciones desde varias perspectivas.
- No olvidar la fachada, entrada y pasillos.

Entre más fotos tenga el anuncio, mejor perspectiva tendrá el comprador de si desea o no visitar la propiedad.

La foto de portada tiene que ser la más bonita, espectacular o impresionante de todas, aquella que muestre el principal atractivo de la vivienda, le seguirán las siguientes mejores, en ese orden.

En este primer momento el objetivo es lograr una visita. Pero no a base de engañar al comprador, por el contrario, sus expectativas tienen que verse alcanzadas y mucho mejor si se superan una vez ponga un pie en la casa.

El anuncio no debe resultar aburrido, debe tener un titular corto, claro y preciso con aquello que sea lo mejor de la casa. Se explicarán luego los beneficios que no se ven en las fotos con un lenguaje sencillo, sin frases hechas, qué sea original y cuidando mucho la redacción, por supuesto. ¿Por qué esta casa es la mejor?

¡Y sólo nos queda estrechar la mano del cliente y desearle mucha suerte en la venta de su vivienda!

Pasemos a los ejercicios de fijación de los conocimientos del Tema 3.

## 3.6 Ejercicios

1. ¿Antes de visitar la casa del cliente, que deberías conocer sobre esta como home stager?

2. ¿Cuáles son los pasos de un Home Staging? Diga cuál es el objetivo de cada paso.

3. Sobre la etapa de la puesta en escena, marca verdadero o falso según corresponda:

    - ☐ Ya no está de moda contar con un recibidor en las casas.
    - ☐ Es una buena idea colocar en un salón pequeño, un mueble de TV que ocupe toda la pared.
    - ☐ Es importante definir el espacio destinado al comedor.
    - ☐ La cocina debe estar super limpia y ordenada.
    - ☐ Dejar todas las toallas familiares a la vista da un toque especial al cuarto de baño.
    - ☐ Es una buena idea preparar el dormitorio principal en la habitación más grande y luminosa de la casa.
    - ☐ La terraza se puede pasar por alto ya que está fuera de la casa.

**Respuestas a los ejercicios del Tema 3**

**Respuesta del ejercicio 1:**
- Ubicación
- Precio de venta
- Metros cuadrados
- ¿Por qué la quieren vender?
- ¿Qué es lo que más le gusta y/o disgusta al vendedor de su casa?

**Respuesta del ejercicio 2:**

1. Despersonalizar.
Objetivo: que los compradores no encorseten la casa en cierto estilo de vida, o con alguna vertiente política, religiosa o de cualquier otra índole que vaya en contra de sus deseos, ya que esto puede afectar el PROCESO EMOCIONAL de la compra.

2. Ordenar.
Objetivo: que las habitaciones luzcan más amplias y despejadas.

3. Reparar.
Objetivo: que en la mente de los compradores no parezca que hay que hacer muchos arreglos para entrar a vivir.

4. Limpiar.
Objetivo: que los compradores perciban una casa que dé gusto vivir en ella.

5. Puesta en escena.
Objetivo: mostrar a los compradores la utilidad de cada uno de los espacios de la casa, su potencial. Que es cómoda, bonita y funcional; para que se vean ellos mismos viviendo allí.

**Respuesta del ejercicio 3:**

☐ Ya no está de moda contar con un recibidor en las casas. (FALSO).

El recibidor es una zona muy útil de la casa y a efectos de la puesta en escena es importante que todas las zonas se encuentren bien delimitadas y escenificadas.

☐ Los muebles deben ser proporcionados al espacio con que se cuenta. (FALSO).

En salones pequeños los muebles deben ser proporcionados, menos es más.

☐ Es importante definir el espacio destinado al comedor. (VERDADERO).

Es importante definir todos los espacios de la casa y el comedor es uno de los principales, no importa si la zona que le dediquemos es pequeña, lo importante es que exista.

☐ La cocina debe estar super limpia y ordenada. (VERDADERO).

La cocina y el baño, sobre todo, deben estar impecables de limpieza y olores.

☐ Dejar todas las toallas familiares a la vista da un toque especial al cuarto de baño. (FALSO).

Los enseres personales no deben estar a la vista. La puesta en escena debe ser inteligentemente escogida para que el cuarto de baño luzca cómodo, bonito y útil, y las toallas familiares no deben formar parte del atrezzo.

☐ Es una buena idea preparar el dormitorio principal en la habitación más grande y luminosa de la casa. (VERDADERO).

Esta oración se explica por sí misma. Es lógico escoger como dormitorio principal, el más grande y luminoso.

☐ La terraza se puede pasar por alto ya que está fuera de la casa. (FALSO).

¡Todos los espacios cuentan! pero hoy en día la terraza ha cobrado especial importancia para el disfrute al aire libre.

# Consideraciones finales

**¡Muchas gracias por adquirir este curso de Home Staging!**

Para algunos de vosotros es un gran primer paso para adentrarse en una profesión, a nuestra consideración, preciosa.

Para los agentes inmobiliarios, es un paso más hacia arriba en la escalera del éxito del negocio, incrementando profundamente el valor añadido de vuestros servicios.

Recordad siempre que en cualquier negocio el enfoque al cliente es primordial. Esto significa ponerle siempre en primer lugar, acometiendo todas las tareas con el pensamiento constante de cumplir y superar sus expectativas.

Los profesionales sois vosotros y tendréis que hacer las recomendaciones oportunas para que las propiedades de vuestros clientes se vendan al mejor precio posible, que es lo que esperan ellos cuando las ponen a la venta. A la vez que intentáis que transcurra el menor tiempo posible desde que la vivienda sale al mercado hasta que se cierre la venta.

## ¡A COCECHAR ÉXITOS!

www.ingramcontent.com/pod-product-compliance
Lightning Source LLC
Chambersburg PA
CBHW060000230526
45472CB00008B/1879